श्रेष्ठ भारतीय साहित्य

भारतीय ज्ञानपीठ

समन्दर आज भी चुप है

समन्दर आज भी चुप है

अशोक 'मिज़ाज'

भारतीय ज्ञानपीठ

लोकोदय ग्रन्थमाला : ग्रन्थांक 1367

ISBN 978-93-87919-25-9

समन्दर आज भी चुप है
(ग़ज़ल-संग्रह)

अशोक मिज़ाज

प्रकाशक : **भारतीय ज्ञानपीठ**
18, इन्स्टीट्यूशनल एरिया, लोदी रोड, नयी दिल्ली-110 003

मुद्रक : भारतीय ज्ञानपीठ, नयी दिल्ली-110003

आवरण सज्जा: चन्द्रकान्त शर्मा

SAMANDAR AAJ BHI CHUP HAI
(Ghazal)
By Ashok mizaj

Published by
Bharatiya Jnanpith
18, Institutional Area, Lodi Road, New Delhi-110 003
Ph. : 011-24698417, 24626467; 23241619 (Daryaganj)
Mob. : 9350536020; e-mail : bjnanpith@gmail.com
sales@jnanpith.net; website : www.jnanpith.net

First Edition : 2019
Price : Rs. 200

ये आँखों में नहीं रुकते बहुत हैं सरफिरे आँसू,
कि ग़म में भी गिरे आँसू ख़ुशी में भी गिरे आसूँ।
लहू का रंग गहरा और हल्का हो भी सकता है,
मगर ये एक जैसे हैं तेरे आँसू, मेरे आँसू॥

—अशोक 'मिज़ाज'

समंदर पहले भी चुप था, समंदर आज भी चुप है

''उर्दू ग़ज़ल के समानान्तर हिन्दी ग़ज़ल की शक्ल को नए तेवर और नयी धार देने वालों में अशोक 'मिज़ाज' सबसे सशक्त हस्ताक्षर हैं।''

— डॉ. शिव कुमार मिश्र

इंसानी हक़ीक़त के तीन पायदान हैं—''जिस्म, जिगर और रूह। वेद के ऋषि ने सृष्टि या कायनात के तीन स्तर बताये हैं और आधिभौतिक, आधिदैविक और आध्यात्मिक, ये इनके नाम बताये हैं। अच्छी कविता वही है, जो किसी एक पायदान पर ही टिकी न रह जाए। अशोक मिज़ाज की ग़ज़लें जिस्म, जिगर और रूह की त्रिलोकी में हमें ले जाती हैं। एक मुकम्मल नज़रिया उनमें बनता है। छंद की अचूक पकड़ ने उनकी ग़ज़लों को बहुत सम्पन्न बनाया है। आधुनिक संवेदना छंद को छोडकर अधूरी होती जा रही है। छंद और लय का चोली-दामन का साथ है। छंद, लय, गति और यति के निर्वाह के साथ मिज़ाज की शायरी जीवन के कई रंग और मिज़ाज पेश करके मोथरी होती जा रही हमारी संवेदना को नयी धार देती है।

—प्रोफ़ेसर राधावल्लभ त्रिपाठी

आधुनिक हिन्दी ग़ज़ल की धारणा आज के समाज और जीवन के केन्द्र में है, जो यह मनुष्य-बोध की अभिव्यक्ति है। आज की तमाम ग़ज़लें जीवन के विशिष्ट भावों को व्यक्त करती हैं। इनका अपना जीवन-दर्शन है,अपने अनुभव हैं, निजी अनुभूतियाँ और संवेदनाएँ हैं। मानवीय मूल्यों के प्रति कटिबद्ध होने की प्रेरणा है। अपने सारे वैचारिक और रचनात्मक वैशिष्ट्य के बावजूद समकालीन हिन्दी ग़ज़ल बहुत कोमल है। मौलिक बिम्ब की दृष्टि से भी यह सफल है, शब्द-बिम्ब, वर्ण-बिम्ब आदि बिंबों की प्रधानता है।

ग़ज़ल चाहे वह कोई भी भाषा में लिखी गई हो, एक जटिल तथा शिल्प प्रक्रिया की निष्पत्ति है जिसमें छंदों, भावों, संवेदनाओं, विचारों की अंतहीन लहरों और पठनीयता का बहाव रहता है। ग़ज़ल-लेखन की यही क्षमता किसी भी ग़ज़लकार को सर्वोच्च शिखर तक ले जाती है। मेरा मानना है सिर्फ़ सांयोगिक घटनाएँ ही लेखन के लिए महत्त्वपूर्ण नहीं होती

हैं। हाँ घटनाओं से किसी हद तक लेखन समृद्ध होता है। अगर सिर्फ़ घटना आधारित ही लेखन हो तो वह बाधाएँ उत्पन्न करती है जो लेखक को उसके सीधे–मार्ग से, उसकी कलात्मक क्षमता को प्रकट होने से रोकती है। इस दृष्टि से अशोक 'मिज़ाज' की ग़ज़लों को देखा जाए तो इनकी ग़ज़लें घटनाओं को अपने विचारों के अधीन रखती हैं और चमत्कृत करती हैं। अनुभव के स्तर पर भी और लेखन के स्तर पर भी। हम इसे लेखकीय चमत्कार भी कह सकते हैं और चमत्कार वही करता है जो लेखन की सारी शक्तियों से परिचित हो।

डॉ. दरवेश भारती का कहना है, अशोक मिज़ाज की ग़ज़लें अरूज़ के पैमाने पर कसी हुई होती हैं, जहाँ तक उनके कथ्य का प्रश्न है, उनकी ग़ज़लों में भारतीय संस्कृति के मिथक उसकी परंपरा के साथ–साथ उर्दू ग़ज़लों के जैसे संदर्भ भी दृष्टिगोचर होते हैं। उनके अशआर परिपक्व होने के कारण पठनीयता की पूरी संभावना बन जाती है, जिससे पढ़ने और सुनने वालों पर गहरा असर डालते हैं। यही वजह है कि हिन्दी और उर्दू ग़ज़ल में उन्हें एक ऊँचा मुक़ाम हासिल है।

अशोक 'मिज़ाज' की ग़ज़लों का सामान्य रुख़ अपने समकालीन व्यक्ति के भीतरी जीवन की खोज है। शब्दों के माध्यम से वह स्वयं अपने–आपको व्यक्त कर रहे हैं। इनमें चिंतन भी है, भाव भी है और प्रभाव भी। भविष्य के बारे में सोचने और उसे पहचानने की क्षमता भी। ख़ास बात यह है कि वास्तविकता को हू–ब–हू उतार लाते है और अपने पाठक को उसके परिवेश के साथ ठीक–ठाक जोड़कर प्रस्तुत करते हैं। इनका निरंतर यह प्रयास रहता है कि कभी वह अपने माध्यम से और कभी दूसरों के माध्यम से परत–दर–परत छिपे उस आदमी को बाहर निकालकर लाएँ, जो देखने में कुछ है और परखने में कुछ। यही दृष्टि इनकी ग़ज़लों को परिमार्जित करती है और कल्पना शक्ति उस परिमार्जित दृष्टि को व्यापकता प्रदान करती है। भाषा भी बिल्कुल सहज और कोमल। 'मिज़ाज' की ग़ज़लों की भाषा की चर्चा करते हुए त्रिलोचन शास्त्री ने लिखा है, "हिन्दी भाषी शहरों में जिस ज़बान में बात करते हैं वह आम बोलचाल की ज़बान है। इसे हिन्दी वाले हिन्दी व उर्दू वाले उर्दू कहते हैं। हिन्दी में काफ़ी दिन कविता में ब्रज भाषा का प्रयोग चालू रहा, काफ़ी दिनों बाद द्विवेदी युग में आधुनिक हिन्दी में ही कविता लिखने का आंदोलन चला। आचार्य महावीर प्रसाद द्विवेदी जी ने इस बात पर बल दिया कि कविता ब्रज भाषा में और गद्य आधुनिक हिन्दी में नहीं चलना चाहिए। जैसे गद्य लिखा जाता है वैसे ही पद्य लिखा जाए। इस बात का फल यह हुआ कि गद्य–पद्य की भाषा एक रूप हो गई। बुनियादी तौर पर जो भाषा शहरी ज़बान का रूप ले रही है वह हिन्दी उर्दू मिली है।

अशोक मिज़ाज इसी शहरी ज़बान में मिलने वाले शब्दों और वाक्यों को जैसे वे मिलते हैं, उनको शायरी का रूप देते हुए इस्तेमाल करते हैं। ये शब्द किसी भी भाषा के हों लेकिन बोलचाल में चल रहे हैं, तो उनके इस्तेमाल से इनको कोई झिझक नहीं।

बोलचाल की ज़बान में कविता करना मुश्किल काम है। ज़बान बोलचाल की हो

कविता में भावों की गहराई भी हो तभी उसे कविता कहा जाएगा। जो शब्द चारों ओर के माहौल में बोलने वालों की ज़बान पर होते हैं, उन्हीं में ऊँची बातें कहना कुछ वैसा ही काम है जैसा कुम्हार जिस मिट्टी से बर्तन बनाता है उसकी पहचान करना ज़रूरी है। किसी भी मिट्टी से न खिलौने बनेंगे और न बर्तन। यह मुश्किल पसंदी ही कविता का राज़ है और भाषा परिचित होते हुए भी पाठक को ठहर कर दुबारा, तिबारा ग़ौर करना होगा कि बात क्या बनी और कैसे बनीं?''

इतिहास, परंपरा और स्मृतियों की ग़ज़ल में एक अद्भुत रचाव-बसाव है। शब्द-चयन और काव्य-भाषा के तल पर सावधान चयन-धर्मिता और प्रयोगों का सिलसिला अशोक मिज़ाज की ग़ज़लों में अटूट है। आकांक्षा और आकांक्षा के प्रति आग्रह की ऐसी अभिव्यक्ति है जो पाठकों को आज के जीवन के बारे में नए ढंग से सोचने की प्रेरणा देती है। हद तक पहले भाषा ही पाठकों के भीतर एक अजीब सा आकर्षण पैदा करती है जो पाठक की अपनी भाषा होती है। या हम यह भी कह सकते हैं पाठक ही भाषा का सृजन करता है। साहित्य की भाषा तथा जन गण की भाषा का उल्लेख करना दूसरे शब्दों में यह कहना कि आम बोलचाल की भाषा एक कच्चा माल है जिसे साहित्यकार शिल्पियों की तरह उसे साहित्य की भाषा का मूर्त रूप देता है। भाषा के प्रश्न पर इनका मत है, ग़ज़ल कैसी होनी चाहिए और कैसी नहीं चाहिए इसका उत्तर इस प्रकार देते हैं—

उर्दू कहें कि हिन्दी कहें आपकी मर्ज़ी,
अपना तो शेर कहने का अंदाज़ यही है।

इस संदर्भ में डॉ. गिरिराज शरण अग्रवाल का मत है ''भारतीय काव्य की सभी विधाओं में आज ग़ज़ल पर्याप्त महत्त्वपूर्ण स्थान प्राप्तकर चुकी है। वास्तव में ग़ज़ल ऐसी रसपूर्ण और कोमल काव्य-शैली है, जिसका सौंदर्य सभी प्रकार के पाठकों और श्रोताओं को अपनी ओर आकर्षित कर लेता है। आज ग़ज़ल शोध-संगोष्ठियों से लेकर कवि-सम्मेलनों तक की शोभा बनी हुई है। विगत चार दशकों में हिन्दी-काव्य में ग़ज़ल ने अपनी खास पहचान बनाई है। अभी तक यह धारणा बनी हुई थी कि ग़ज़ल का सृजन केवल उर्दू में ही संभव है, लेकिन हिन्दी-ग़ज़लकारों ने हिन्दी में ग़ज़ल लिखकर इस धारणा का खंडन कर दिया है। आज हिन्दी-ग़ज़ल अपनी विकास-यात्रा में परिपक्वता प्राप्त कर चुकी है। हिन्दी ग़ज़ल अब समीक्षकों और लेखकों के लिए तर्क-वितर्क, आलोचना और प्रत्यालोचना का विषय बनी हुई है। हम भली प्रकार जानते हैं कि ग़ज़ल ने जन्म भले ही ईरान में लिया हो, किन्तु पोषित हिंदुस्तान में ही हुई है।'' (अंजुमन। जनवरी-जून 2016)

इसका मूल कारण है हिन्दी ग़ज़ल का जन मानस के साथ पूरी तरह से जुड़ जाना। इसका असल उद्देश्य ऊँची भावना के साथ लोगों-अतिमानवों का निर्माण करना है जिसके साथ पठनीयता का संकट अनिवार्य रूप से जुड़ा हुआ है। इस मामले में अशोक मिज़ाज की ग़ज़लें पठनीयता का भरोसा तो अवश्य देती हैं। इनकी ग़ज़लें अपने युग की आवाज़ हैं। कोई

भी पाठक इनकी ग़ज़लों को जितना भली भांति पढ़ेगा और समझेगा, वर्तमान को उतना ही अधिक अच्छी तरह समझेगा और उतनी ही गहराई और सूक्ष्मता से अपने समय की सर्वव्यापी क्रांतिकारिता तथा उसके कार्यकलापों की व्यापकता को बोधगम्य कर सकेगा।

ग़ज़ल-लेखन अशोक 'मिज़ाज' के लिए शौक या मंच नहीं है, बल्कि एक सामाजिक सरोकार व्यवस्था-परिवर्तन का हथियार है। ये एक ऐसे ग़ज़लकार हैं, जिनके लिए ग़ज़ल ही ज़िन्दगी है। ज़िन्दगी की तरह इसे जीते हैं, पूरी ईमानदारी के साथ।

आधुनिक संवेदना के साथ आज हिन्दी में जिन विषयों को महत्त्व दिया जा रहा है, उन्हें देखते हुए यह कहना कठिन है कि विधाओं की वरीयता-सूची में हिन्दी ग़ज़ल को किस स्थान पर रखा जाए। थोड़ी भ्रम की स्थिति है। कुछ लोगों ने ग़ज़ल को यथार्थ विरोधी मान लिया है। मेरे ख़्याल से इसके पीछे यथार्थ की ग़लत समझ है। आधुनिक हिन्दी ग़ज़ल के मानवीय और सामाजिक संसार को निकट से देखा जाना चाहिए। तभी यह भ्रम की स्थिति दूर होगी। आधुनिक हिन्दी ग़ज़ल पूरी सभ्यता को समझने, जाँचने-परखने का प्रयत्न कर रही है उसमें मनुष्य की स्थिति, नियति, नैतिक और राजनीति सभी शामिल हैं। मसलन-

1- सामाजिक संदर्भ

2- राजनीतिक संदर्भ

3- आध्यात्मिक संदर्भ

4- प्राकृतिक संदर्भ

5- प्रेमपरक संदर्भ

6- सांस्कृतिक संदर्भ

7- अन्य

अशोक मिज़ाज के ग़ज़ल-संसार में ये सारे संदर्भ कहीं न कहीं प्रतिबद्धता के साथ उपस्थित हैं। जिनमें इनकी अपनी अनुभूतियों, धारणात्मक मूल्यों, दार्शनिक स्थापनाओं और उद्बोधनों को स्थान मिला है। सामाजिक संदर्भ के निम्नलिखित शेरों में यथार्थवाद प्रगतिवादी विचारधारा की रचनात्मक खोज की जा सकती है...

हम अपने पास के लोगों से भी हैं नावाक़िफ़,
हमें पता ही नहीं किसका हाल कैसा है।

तेरे चेहरे से तेरी बेबसी का इल्म होता है,
फटे कपड़ों से बाज़ारों की महँगाई झलकती है।

चिराग़ अब उजाला कहाँ दे रहे हैं,
हटा दो इन्हें ये धुआँ दे रहे हैं।

प्रथम शेर में सामाजिक शैथिल्य है। समाजिकता के तनाव का शून्य।

आधुनिक समाज में प्रेम और रिश्तों की क्या अवस्था है इस शेर में इसका सही आँकलन हुआ है। आज हमारे समाज में एक ऐसा विचारधारात्मक और असांस्कृतिक वातावरण बना दिया गया है, एक ऐसा वातावरण जिसमें एक दूसरे के प्रति सुख-दुख की निर्भरता समाप्त हो चुकी है। इस दृष्टि से सामाजिक समन्वय का प्रश्न ही नहीं उठता। आदर्शोन्मुख समाजवाद, आदर्श और यथार्थ का समन्वय कहीं भी देखने को नहीं मिलता। यहाँ यह प्रश्न उठता है, क्या यह उत्तर आधुनिक सच्चाई नहीं है? मतलब आधुनिकता जीत गई और समाजवाद हार गया। इस शेर के भीतर की चिंता इसी ओर इशारा कर रही है।

आज के सामाजिक समन्वय को लेकर ग़ज़लकार की जो प्रतिक्रियाएँ हैं, वह नकारात्मक अधिक हैं। उन्हें बार-बार लगता है कि हमारा समाज संवेदन शून्य होता जा रहा है। आदमी बेहद अकेला होता जा रहा है। चुप्पी के मुखौटे ओढ़कर जीने वाला इस परिवेश में कौन सच्चा है और कौन झूठा, इसकी तलाश मुश्किल हो गई है।

अन्य वर्णित शेरों में इतनी सरल अभिव्यक्ति और सहज संप्रेषणीयता है कि पाठक को बड़ी आसानी से भाव समझ में आ जाता है। निजता, भोगा हुआ दर्द है, उस दर्द की अभिव्यक्ति के माध्यम से आज के सच को शब्द देने का सफल प्रयास है। प्रतीक-विधान की दृष्टि से अशोक मिज़ाज की यह एक विशेषता है कि प्रसंगानुसार विशेषकर समाजवादी ग़ज़लों में इन्होंने यथार्थमूलक प्रतीकों का प्रयोग किया है। इनके प्रतीक मुख्यतः भावनात्मक, अर्थद्योतक या ध्वन्यात्मक हैं...

वस्तुतः अशोक मिज़ाज की ग़ज़लें विकट समय का प्रतिवाद करते हुए प्रतिगामी शक्तियों का प्रतिरोध करती हैं। अपने नए मुहावरे के साथ इन्होंने समकालीन हिन्दी ग़ज़ल का नए अर्थबोध के साथ नया व्याकरण गढ़ा है।

डॉ. शिव कुमार मिश्र ने अपने कथन में कहा है ''अशोक 'मिज़ाज' की ग़ज़लें हिन्दी में उस ग़ज़ल परंपरा का विकास है जो प्रसाद, निराला, शमशेर, आदि से आरंभ होकर दुष्यंत कुमार की ग़ज़लों में उत्कर्ष और उपलब्धियों के क्षितिज को छूती हैं। अशोक की अधिकतर ग़ज़लों में ग़ज़ल सधी हुई, शेर बहुत चुस्त-दुरुस्त बनकर सामने आते हैं। सबसे बड़ी खूबी अशोक की ग़ज़लों में ये है कि उन पर परंपरा का भार या अंतर नहीं है। उससे जुड़ते हुए भी उससे आगे नयी ज़मीन पर ग़ज़ल को ले जाने की ईमानदार कोशिश है। संवेदना और शिल्प दोनों आयामों पर ग़ज़ल को जैसे खराद पर चढ़ाते हुए उन्होंने महज चमकाने की नहीं बल्कि धारदार बनाने की कोशिश की है। उनके अधिकतर शेर देर तक दिलो-दिमाग़ पर दस्तक देते हैं।''

आलोचक दिनेश कुमार कहते हैं ''हिन्दी में इस समय कई ऐसे ग़ज़लकार सक्रिय हैं जो न सिर्फ़ हिन्दी ग़ज़ल की परंपरा को विकसित करते हुए और समृद्ध कर हैं बल्कि अपने समय और समाज की विसंगतियों एवं विडंबनाओं की अभिव्यक्ति के लिए सर्वाधिक सशक्त माध्यम भी बना रहे हैं। अशोक 'मिज़ाज' इस दौर के एक ऐसे ही महत्त्वपूर्ण ग़ज़लकार हैं।''

राजनीतिक संदर्भ
चोर आवाज़ उठाने लगे चोरों के ख़िलाफ़,
बेईमानों ने बहुत शोर मचा रखा है।

हज़ार शेर कहो इस मुई सियासत पर,
निकल न पाएगी फिर भी भड़ास, छोड़ो भी।

अशोक मिज़ाज अपनी ग़ज़लों में बिम्ब, प्रतीक और संकेतों को कलात्मक रूप देकर जन समुदाय के साथ सीधा संपर्क और सार्थक संवाद करने का सफल प्रयास करते हैं। इसलिए इनकी ग़ज़लों में मामूली और सतही भटकाव देखने को नहीं मिलता।

राजनीतिक हलचलों और समाज के बुनियादी वर्गों से जुड़कर वर्णित दोनों शेर अपनी सार्थकता प्रदान करते हैं। दोनों ही शेर आज की राजनीति को निष्कर्षात्मक परिणति तक पहुँचाते हैं।

प्रो. कांति कुमार जैन ने अशोक मिज़ाज की ग़ज़लों के बारे में कहा है कि ''ऐसे शायरों में जिनका नाम कनीनिका पर गिनने लायक है, अशोक मिज़ाज उल्लेखनीय हैं। अशोक के कलाम की सबसे खास बात है उसके आदमी होने का एहसास।''

हरेराम समीप कहते हैं ''अशोक मिज़ाज बद्र हिन्दी और उर्दू ग़ज़ल में एक संजीदा और कामयाब ग़ज़लकार हैं। अध्ययन से पता चलता है कि उन्होंने ग़ज़ल के साथ पूरी ईमानदारी बरती है। इन ग़ज़लों में भारतीयता रची बसी है और सर्वत्र मिट्टी की खुशबू विद्यमान है।''

आध्यात्मिक संदर्भ
गोबर से लिपी देहरी पे आशाएँ बिछी हैं,
गुज़रेंगे कभी राम मेरे घर की तरफ़ से।

उस ज़माने में गरीबी का ज़माना भी तो था,
कृष्ण भगवान के द्वापर में सुदामा भी तो था।

कहने का मतलब ग़रीबी हमेशा रही है। ये समाज का अभिन्न अंग है। लेकिन लोक व्यवहारों में इतना कुछ अचेतन व सामूहिक किस्म का होता है कि देवताओं वाली अर्थ-कुंजियों का इस्तेमाल किए बिना अपने विकास का हिस्सा नहीं बनाया जा सकता।

प्राकृतिक संदर्भ
मगरमच्छों ने जाने कितनी सारी मछलियाँ खा लीं,
समंदर पहले भी चुप था, समंदर आज भी चुप है।
बला की धूप में क्या-क्या किसान देखते हैं,
कभी ज़मीन कभी आसमान देखते हैं।

प्रकृति चेतना किसी बंधी बंधाई सीमा रेखा में नहीं रहती फलत: हर परिस्थिति को अपनी अवस्था में ढाल लेती है। आज जो प्रकृति की दशा है संदर्भ के अनुसार शेरों में अभिव्यंजित हुई है।

प्रेमपरक संदर्भ

उसने चाहा है मुझे टूट के मीरा की तरह,
आ के देखे जो कभी हीर भी शरमा जाए।
इश्क़ खुली जेलों जैसा है, सैर करो,
बाहर जाने का दरवाज़ा मत देखो।

सांस्कृतिक संदर्भ

कभी एक राम थे त्रेता में एक थे श्याम द्वापर में,
ये कलयुग है, यहाँ हमने कई अवतार देखे हैं।

सैकड़ों मोहन खड़े हैं मोर्चों पर,
ये बहुत बदनाम पनघट की डगर है।

अन्य

कितनी निगाहें उठने लगी हैं मेरी तरफ़,
उर्दू का मेरे हाथ में अख़बार देखकर।
कुछ तो हालात वतन के भी बहुत नाज़ुक हैं,
कुछ पड़ोसी ने भी आतंक मचा रक्खा है।

आम जीवन से जुड़ी अशोक 'मिज़ाज' की ग़ज़लों में देश की सामाजिक, आर्थिक, राजनीतिक, आध्यात्मिक, प्रेम और सौंदर्य चेतना के सुर साफ तौर पर देखे जा सकते हैं। समंदर आज भी चुप है में संकलित ग़ज़लों के रुझान इस ओर इशारा करते हैं। संग्रह की तमाम ग़ज़लें अपनी आक्रमकता, तीक्ष्णता, सटीकता आदि गुणों से सामाजिकों का ध्यान शीघ्र लक्ष्य की ओर आकर्षित कर लेती हैं। ख़ास बात यह है कि इनकी ग़ज़लों के शब्द–प्रयोग में पूरी मितव्ययता को ध्यान में रखा गया है। बिंबों की एक अलग दुनिया है। छंदों में नूतनता एवं स्वच्छंदता है। हिन्दी ग़ज़ल की समकालीन धारा में चाहे यथार्थ वर्णन हो या सामाजिक चित्रण, चाहे प्रेम का अभिव्यंजन हो अथवा दार्शनिक विवेचन, अशोक मिज़ाज सबसे भिन्न रहे हैं।

अनिरुद्ध सिन्हा

हिन्दी ग़ज़ल का लहजा

सभी जानते हैं कि दुष्यंत की कामयाबी के बाद लोगो ने उनकी ग़ज़ल को हिन्दी ग़ज़ल का नाम दिया। जबकि खुद दुष्यंत ने अपनी ग़ज़ल को कभी हिन्दी ग़ज़ल नहीं कहा। हाँ ये अवश्य कहा कि वो उर्दू के शब्दों को वैसा ही वापरते हैं जैसे वो हिन्दी में बोले जा रहे हैं। वैसे भी ग़ज़ल एक भाषाई गंगा जमनी संस्कृति को अपने दामन में समेटे हुये चल रही है जो हमेशा भाषाई एकता की बात करती है। समय के साथ साथ इसमें परिवर्तन होने के कारण इसे रवायती ग़ज़ल, क्लासिकल ग़ज़ल, जदीद ग़ज़ल आदि नाम से पुकारा जाने लगा।

आज ग़ज़ल कई भाषाओं और बोलियों में लिखी जा रही है एवं उसी आधार पर उसे पुकारा जा रहा है। उदाहरणार्थ बुन्देली में लिखी जा रही ग़ज़ल बुन्देली ग़ज़ल, छत्तीसगढ़ी में लिखी जा रही ग़ज़ल छत्तीसगढ़ी ग़ज़ल एवं हिन्दी में लिखी जा रही ग़ज़ल को हिन्दी ग़ज़ल के नाम से जाना जा रहा है। अब सवाल ये है कि हिन्दी ग़ज़ल में कौन-सी हिन्दी प्रयोग की जा रही है। संस्कृत निष्ठ शुद्ध हिन्दी, तत्सम शब्दों वाली हिन्दी या आम बोलचाल की हिन्दी जिसे हिन्दुस्तानी जुबान कहा जाता है। जिसमें हिन्दी, उर्दू और अंग्रेज़ी के शब्द मिश्रित हैं।

तथाकथित हिन्दी ग़ज़ल को कुछ हिन्दी ग़ज़लकारों ने बड़ा आसान समझ लिया और अपने-अपने हिसाब से इसे परिभाषित करने और सीमित करने का उपक्रम शुरू कर दिया। बहुत से तो ऐसे भी हैं जो कहते है कि हिन्दी ग़ज़ल में छंद से ज़ियादा कथ्य महत्त्वपूर्ण है और ज़रूरत पड़ने पर छंद तोड़ा भी जा सकता है। यह बात गले नहीं उतरती क्यूँकि यदि कोई यही बात दोहे के लिये कहे और उसकी मात्राओं के साथ खिलवाड़ करके कितनी ही बड़ी बात क्यूँ न कह दे आप उसे दोहा नहीं कह सकते। यदि आप छंद नहीं साध सकते तो न आपको शेर कहने का अधिकार है न दोहा का।

दूसरे वो हैं जो हिन्दी ग़ज़ल को सिर्फ़ हिन्दी भाषा में ही लिखा जाना पसंद करते हैं। इसमें किसी को कोई एतराज नहीं है अगर आप बाक़ायदा ग़ज़ल के छंदों और दूसरी रवायतों का पालन करते हैं। मेरी नज़र में ये पाँव में बेड़ी बांधकर नृत्य करने जैसा है।

तीसरे वो हैं जो हिन्दी, उर्दू और अंग्रेज़ी के शब्दों के मिश्रण से हिन्दी ग़ज़ल कह रहे हैं। जिसे हिन्दुस्तानी भाषा कहा जाता है।

दुष्यंत ने इसी भाषा को अपनी ग़ज़ल की भाषा निरूपित किया था और उसमें कई

रास्ते खोले थे जो हिन्दी में कही जा रही ग़ज़लों को और भी स्वतंत्रता प्रदान करते हैं। उन्होंने उर्दू के शब्दों का खुलकर प्रयोग किया ज़रूरत पढ़ने पर इज़ाफ़त का प्रयोग भी किया और हिन्दी, उर्दू और अंग्रेज़ी शब्दों को अपने कथ्य को असरदार बनाने हेतु असरदार तरीक़े से प्रयोग किया। इस गंगा जमनी तहज़ीब का अर्थ ये नहीं है कि हम चाहे जहाँ हिन्दी या उर्दू के शब्द ठूँस दें इनका उपयोग ऐसा किया जाना चाहिये कि पता भी न चले कि कब उर्दू आ गई और कब अंग्रेज़ी।

ग़ज़ल की अपनी एक मिश्रित भाषा शुरू से चली आ रही है जिसे आम भाषा में ग़ज़लिया ज़बान कहते हैं। जिसमें हिन्दी, उर्दू और अंग्रेज़ी के शब्द समाहित हैं।

हिन्दी ग़ज़ल के विषयों को लेकर भी बड़ी अजीब सी स्थिति देखने को मिल रही है। लोग सिर्फ राजनीति, बदहाल व्यवस्था, ग़रीबों, किसानों, स्त्रियों, रिश्तों और दीगर सरोकारों के शेरों को ही हिन्दी ग़ज़ल के विषय निरूपित कर रहे हैं। प्रेम और श्रृंगार को तो सिरे से ही नकार दिया गया है। मैं पूछता हूँ कि अगर हिन्दी ग़ज़लकार को किसी से प्रेम हो जाये तो क्या वो उसके इज़हार के लिए उर्दू ग़ज़ल कहेगा या कोई अन्य विधा तलाश करेगा ? इसी तरह एक शाइर अपने अन्दर के तमाम भावों जिसमें जीवन की उथल-पुथल और उसकी मानसिक एवं भावनात्मक उथल पुथल है उसे कहाँ ले जायेगा। ज़ाहिर है वह अपनी ग़ज़ल में ही इसे पिरोयेगा। अर्थात विषयों की सीमायें तय करना सर्वथा अनुचित होगा।

ये भी कहना चाहता हूँ कि जिस तरह दोहे की दो पंक्ति यों में कवियों ने काव्य के सौन्दर्य, माधुर्य और उसमें कलात्मकता के साथ अपनी बातें कही हैं जो अपनी इन तमाम विशेषताओं के बावजूद सहज और सुग्राह्य होती हैं और उनका संप्रेषण भी ग़ज़ब का होता है उसी तरह शेर में भी ये सारी ख़ूबियाँ समाहित होनी चाहिये।

उपरोक्त बातों को ध्यान में रखकर जो ग़ज़लें मैने कहीं हैं वो इस संकलन में संग्रहीत हैं। आप उन्हें जिस भाषाई चश्मे से देखेंगे ये वैसी ही दिखाई देंगी। कोशिशें मेरी हैं लेकिन क्या बना, कैसा बना ये फैसला आपके हाथ में है।

अशोक 'मिज़ाज'
एच/40 शांति विहार कॉलोनी,
मकरोनिया, सागर (म.प्र.)
पिन कोड- 4700004
मो. नं. 9926346785

शोभा

स्वाति, देवयानी

और

दिवा

के

नाम

गुरु वन्दना

हे गुरु तुम सा जहाँ में दूसरा कोई नहीं,
इक सिवा तेरे हमारा रहनुमा कोई नहीं।

तुमने मेरी ज़िंदगी को रौशनी दी ज्ञान की,
तब मेरी आँखों ने अपने रूप की पहचान की,
सच कहूँ तो तुमसे बढ़कर आइना कोई नहीं।

अब तेरे पदचिह्न मंज़िल का पता देने लगे,
राह के पर्वत, नदी सब रास्ता देने लगे,
अब भटकने की कहीं संभावना कोई नहीं।

नाम तेरा दिल की धड़कन में यूँ ही गूँजे सदा,
मेरा मस्तक तेरे चरणों को यूँ ही पूजे सदा,
तेरी भक्ति से बड़ी आराधना कोई नहीं।

अशोक 'मिज़ाज'

अनुक्रम

पिघल जाओ कि अब तुमको पिघलने की ज़रूरत है

पिघल जाओ कि अब तुमको पिघलने की ज़रूरत है,
तुम्हें अब वक़्त के साँचे में ढलने की ज़रूरत है।

घरों में बैठ कर तो मस्अले हल हो नहीं सकते,
मशालें ले के सड़कों पर निकलने की ज़रूरत है।

ये मदहोशी ये बेफ़िक्री ये नादानी नहीं अच्छी,
सम्हल जाओ कि अब तुमको सम्हलने की ज़रूरत है।

अकेले हम अकेले तुम तो कुछ भी कर नहीं सकते,
चले आओ कि अब मिल जुल के चलने की ज़रूरत है।

तुम्हारी हरकतों पर हँस रही है किस क़दर दुनिया,
तुम्हें कुछ आदतें फौरन बदलने की ज़रूरत है।

जो तुमने पाल कर रक्खे हैं अपनी आस्तीनों में,
अब उन ज़हरीले साँपों को कुचलने की ज़रूरत है।

बला की धूप में क्या क्या किसान देखते हैं

बला की धूप में क्या क्या किसान देखते हैं,
कभी ज़मीन, कभी आसमान देखते हैं।

कहाँ गये वो सिपाही जो हम से कहते थे,
हम अपने गाँव में हिन्दोस्तान देखते हैं।

सड़क का दर्द हवाई जहाज क्या जाने,
कहाँ ज़मीन को आलाकमान[1] देखते हैं।

पहाड़ चढ़ने की हिम्मत कोई नहीं करता,
सहूलियत के लिये सब ढलान देखते हैं।

वो अपनी बात पे क़ाइम कभी नहीं रहते,
हम उनका रोज़ बदलता बयान देखते हैं।

ये चीज़ पहले बिकाऊ नहीं थी पर अब हम,
गली गली में अना[2] की दुकान देखते हैं।

1. उच्चाधिकारी
2. स्वाभिमान

उस ज़माने में ग़रीबी का ज़माना भी तो था

उस ज़माने में ग़रीबी का ज़माना भी तो था,
कृष्ण भगवान के द्वापर में सुदामा भी तो था।

कोई स्कीम ग़रीबों या किसानों को न थी,
राम और कृष्ण का भरपूर ख़ज़ाना भी तो था।

लोग आवाज़ उठाते थे अमीरों के ख़िलाफ़,
राम पे धोबी ने इल्ज़ाम लगाया भी तो था।

बाद में युद्ध भी करना ही पड़ा था उनको,
पहले समझौते का संदेश सुनाया भी तो था।

जिसको जो कुछ भी मिला था वो सभी था जायज़,
सब ने तप करके कोई पुण्य कमाया भी तो था।

सोच लेना वो किसी वक़्त भी फट सकता है

सोच लेना वो किसी वक़्त भी फट सकता है,
आपकी कार की डिक्की में जो बम रक्खा है।

तुमको हालात का अन्दाज़ा नही हैं शायद,
आँकड़े खुल के बताने में भी डर लगता है।

बाद गिरने के ही ढूँढेंगे कि कारण क्या था,
जब तलक रेल है पटरी पे तो सब अच्छा है।

उसके जुर्मों की उसे कितनी सज़ा दोगे अब,
जिसने ये काम किया है वो अभी बच्चा है।

पत्थरों की वही बरसात है अब भी जारी,
हमने बचने के लिये छाता लगा रक्खा है।

नया ज़माना अभी उतना शानदार नही

नया ज़माना अभी उतना शानदार नहीं,
पढ़ा लिखा तो है लेकिन ये होशियार नहीं।

ये बम धमाके ये आतंकवाद के मुद्दे,
किसी चुनावी एजेन्डे में भी शुमार नहीं।

ये गोलियों से कहाँ ठीक होने वाला है,
ये कैंसर है कोई मौसमी बुख़ार नहीं।

हरा हरा सा दिखाई ज़रूर देता है,
ख़िज़ाँ[1] का दौर है ये मौसमे–बहार नहीं।

नये ज़माने की तस्वीर पेश करती है,
मेरी ग़ज़ल में मुहब्बत का इश्तहार नहीं।

ये पत्थरों के कलेजे भी चीर सकती है,
ये मत कहो कि हमारी कलम में धार नहीं।

---

1. पतझर

घटा ख़ूँख़्वार लेकर फिर वो सावन लौट आया है

घटा ख़ूँख़्वार लेकर फिर वो सावन लौट आया है,
पछाड़ा था जिसे हमने वो दुश्मन लौट आया है।

कहाँ मुजरिम को ढूँढोगे नहीं उसका पता कोई,
जहाँ भेजा था उस घर से तो सम्मन लौट आया है।

मुझे शक है वहाँ कोई बड़ा बूढ़ा नहीं रहता,
कि ख़ाली हाथ उस घर से बरहमन लौट आया है।

कहाँ हो राम आ जाओ, तुम्हारी फिर ज़रूरत है,
हज़ारों सर लिये काँधे पे रावन लौट आया है।

उठो माता पिता उट्ठो, मुझे सेवा का अवसर दो,
तुम्हें पानी पिलाने को ये सरवन लौट आया है।

बुढ़ापा अब मुझे बिस्तर से उठने ही नहीं देता,
मुझे अब ऐसा लगता है कि बचपन लौट आया है।

ये धरती आज भी चुप है, ये अम्बर आज भी चुप है

ये धरती आज भी चुप है, ये अम्बर आज भी चुप है,
हमें जिस पर भरोसा है, वो पत्थर आज भी चुप है।

लकीरों का निशाँ कोई, न कोई ख़ून का धब्बा,
जो क़ातिल का पता देता वो ख़ंजर आज भी चुप है।

ग़ज़ब का शोर था बाज़ार में तो आज भी लेकिन,
जहाँ गूँजीं कई चीख़ें वो तलघर आज भी चुप है।

उसी दिन से दरिंदों की शिकायत दर्ज है लेकिन,
वो थाना आज भी चुप है वो अफ़सर आज भी चुप है।

मगरमच्छों ने जाने कितनी सारी मछलियाँ खा लीं,
समन्दर पहले भी चुप था, समन्दर आज भी चुप है।

कहीं भी ज़ुल्म होता है तो उस पर शेर कहता है,
मगर ख़ुद अपने बारे में सुख़नवर[1] आज भी चुप है।

1. कवि

दिखाने भर के लिये पट लगाये रहता है

दिखाने भर के लिये पट लगाये रहता है,
ये दिल जो लोहे की चौखट लगाये रहता है।

मेरी गली से गुज़रता है रोज़ इक पागल,
वफ़ा वफ़ा की सदा रट लगाये रहता है।

उसे सुकून से रहना कभी पसंद नही,
पड़ौसी नित नई खटपट लगाये रहता है।

कोई ख़याल अकेला कभी नहीं रहता,
हमेशा यादों का जमघट लगाये रहता है।

कभी तो लौट के आयेगा अम्न का मोहन,
कि जिसकी आस ये पनघट लगाये रहता है।

बयानों में तेरी कमियों की भरपाई झलकती है

बयानों में तेरी कमियों की भरपाई झलकती है,
तेरे किरदार से तेरी तमाशाई झलकती है।

वो जब भी बात करता है तो दानाई[1] झलकती है,
कभी आयत कभी तुलसी की चौपाई झलकती है।

तेरे चहरे से तेरी बेबसी का इल्म होता है,
फटे कपड़ों से बाज़ारों की महँगाई झलकती है।

तेरे लहजे की सख़्ती में तेरे ओहदे की है गर्मी,
कहीं कालर झलकता है, कहीं टाई झलकती है।

'मिज़ाज' अपना अकेलापन छुपाने से नही छुपता,
ग़ज़ल बनकर मेरी बातों में तन्हाई झलकती है।

1. बुद्धिमानी

ख़ामुशी ऐसी कि तस्वीर भी शरमा जाये

ख़ामुशी ऐसी कि तस्वीर भी शरमा जाये,
जब ज़ुबाँ खोले तो शमशीर भी शरमा जाये।

क़ैद में रह के भी कुछ ऐसे बग़ावत कीजे,
आपके पाँव की ज़ंजीर भी शरमा जाये।

कोशिशें कीजिये हाथों में लकीरें बन जायें,
आपसे आपकी तक़दीर भी शरमा जाये।

आओ इस झील को हम इतना हँसी मंज़र दें,
दूर से देख के कश्मीर भी शरमा जाये।

उसने चाहा है मुझे टूट के मीरा की तरह,
आ के देखे जो कभी हीर भी शरमा जाये।

उसके चेहरे पे न आँचल है न घूँघट न नक़ाब,
देख के ऐसी ग़ज़ल 'मीर' भी शरमा जाये।

सोचता हूँ मैं किसी दिन इक नई दुनिया बनाऊँ

सोचता हूँ मैं किसी दिन इक नई दुनिया बनाऊँ,
फिर कोई आदम बनाऊँ, फिर कोई हौवा बनाऊँ।

सिर्फ़ रूहानी मिलन से, रूहों का विस्तार तय हो,
क्यूँ कोई आकार दूँ क्यूँ जिस्म को जरिया बनाऊँ।

बस हरी धरती बनाऊँ, जैसे नीला आसमाँ है,
क्यूँ कहीं सहरा बनाऊँ, क्यूँ कहीं दरिया बनाऊँ।

सब बराबर हों यहाँ छोटा बड़ा कोई नहीं हो,
क्यूँ कोई राजा बनाऊँ क्यूँ कोई मुहरा बनाऊँ।

एक मज़हब, एक दुनिया, एक मैं और एक हों सब,
नफ़रतें जड़ से मिटा दूँ, इक नया जज़्बा बनाऊँ।

देखकर दुनिया की हालत अब मुझे भी लग रहा है,
फिर कोई अवतार लूँ मैं फिर कोई चेहरा बनाऊँ।

कितने शाइर जहान छोड़ गये

कितने शाइर जहान छोड़ गये,
और काग़ज़ पे जान छोड़ गये।

इक हवेली थी बिक गयी कब की,
वो तो बस पानदान छोड़ गये।

तुम तो बनवा के एक ताजमहल,
बादशाहत की शान छोड़ गये।

कैसा इतिहास लिख गये कुछ लोग,
मन्दिरों पर निशान छोड़ गये।

ये कहीं केंसर न बन जाये,
लोग दिल में गठान छोड़ गये।

उसमें साये टहलते रहते हैं,
वो जो ख़ाली मकान छोड़ गये।

ये भी सच बात है कि कुछ ज़ालिम,
मर गये ख़ानदान छोड़ गये।

जश्ने-आज़ादी मनाया जा रहा है

जश्ने-आज़ादी मनाया जा रहा है,
सरहदों पर सर कटाया जा रहा है।

जानवर बाग़ों में रक्खे जा रहे हैं,
आदमी पर क़ह्र ढाया जा रहा है।

आज के माहौल में तो आदमी को,
साँस लेना भी सिखाया जा रहा है।

जोड़ने की होड़ में तो सब हैं लेकिन,
साठ में से सौ घटाया जा रहा है।

हमने रहने के लिये इक घर लिया था,
मुफ़्त में उसका किराया जा रहा है।

कोई शक हो तो मुझको आज़मा लो

कोई शक हो तो मुझको आज़मा लो,
मैं ताक़त की दवा हूँ मुझको खा लो।

मरे भी साँप लाठी भी न टूटे,
कोई तरक़ीब ऐसी भी निकालो।

मैं सत्तर साल से उलझा हुआ हूँ,
मुझे अब और उलझन में न डालो।

इमारत अब पुरानी हो चुकी है,
ज़रा सी तुम मरम्मत ही करा लो।

सितारा हूँ मैं अपने आसमाँ का,
ज़मी पर गिर गया हूँ तो उठा लो।

मैं कब से क़ैद हूँ अंधे कुए में,
निकालो, अब मुझे बाहर निकालो।

मेरा मुहावरा सच्चा दिखाई देता है

मेरा मुहावरा सच्चा दिखाई देता है,
कि ऊँचे लोगों को ऊँचा सुनाई देता है।

नज़र में उसकी बराबर सभी हैं फिर भी वो,
किसी को छाछ किसी को मलाई देता है।

मैं उसका बोझ उठाता हूँ रोज़ काँधों पर,
मगर मुझे वो बहुत कम ढुलाई देता है।

उसी की आज ज़रूरत बहुत है दुनिया को,
वो एक चीज़ जो भाई को भाई देता है।

ज़रा सा ग़ौर से पढ़िये तो मेरे शेरों को,
कहा गया है जो उनमें, सुनाई देता है।

नींद क़ानून के रखवालों की गहरी देखी

नींद क़ानून के रखवालों की गहरी देखी,
दोपहर बाद तो मुन्सिफ़[1] ने कचहरी देखी।

आज भी सामने आता है ग़ुलामी का असर,
कोट पहने हुये गर्मी की दुपहरी देखी।

सबको आता नहीं क़ानून से लड़ने का हुनर,
आस मजबूर की इंसाफ़ पे ठहरी देखी।

जितने मुजरिम थे सभी मस्त थे क़द्दावर थे,
देह सच्चाई की गाँधी सी इकहरी देखी।

जाने किस बात पे दोनो में हुआ था झगड़ा,
पेड़ से गिरती हुई एक गिलहरी देखी।

लौट के आया कचहरी से तो महसूस हुआ,
मुद्दतों बाद कोई शाम सुनहरी देखी।

अब तो मैं सबसे यही पूछता रहता हूँ 'मिज़ाज',
क्या कभी तुमने कचहरी की दुपहरी देखी।

---

1. न्यायाधीश

वो देखने में बड़े आदमी के जैसा है

वो देखने में बड़े आदमी के जैसा है,
बड़े ग़ुरूर से कालर पे टाई कसता है।

पढ़े लिखे हुये तबके के लोग हैं हम तो,
हमारा कुत्ता भी इंग्लिश में बात करता है।

हम अपने पास के लोगों से भी हैं नावाक़िफ़[1],
हमें पता ही नहीं किस का हाल कैसा है।

घड़ी ज़रूर बंधी है कलाई पर अपनी,
हमारा वक़्त उसे देखने में कटता है।

हमारा बेटा भी हम जैसा हो गया है 'मिज़ाज',
वो दोस्तों से बहुत दूर-दूर रहता है।

---

1. अंजान

बच्चियों को तो वो नादान समझ लेते हैं

बच्चियों को तो वो नादान समझ लेते हैं,
अपनी तफ़रीह का सामान समझ लेते हैं।

कितना मुश्किल है नये दौर में ज़िंदा रहना,
लोग मरने को ही आसान समझ लेते हैं।

कैसे पतवार उन्हें सौंप दे बतलाओ ज़रा,
वो तो फूँकों को ही तूफ़ान समझ लेते हैं।

कितने तहज़ीब शुदा हैं मेरे भारत वाले,
अपने दुश्मन को भी मेहमान समझ लेते हैं।

कोई अफ़वाह न फैलाना वतन में अपने,
लोग बदनामी को पहचान समझ लेते हैं।

कब कहा महँगी सुरा वाली सुराही चाहिये

कब कहा महँगी सुरा वाली सुराही चाहिये,
हमको पानी से भरा बस इक घड़ा ही चाहिये।

ज़ख्म ख़ुद सारी कहानी कह रहे हैं ज़ुल्म की,
क्या करें फिर भी अदालत को गवाही चाहिये।

वो शिकायत दर्ज कर लें तो ग़नीमत है बहुत,
और तुम्हारी अर्ज़ है कि कार्यवाही चाहिये।

वो हमारी क्या हिफ़ाज़त कर सकेंगे बोलिये,
उनको ख़ुद अपनी हिफ़ाज़त को सिपाही चाहिये।

हमने जो देखा सुना उस पर ग़ज़ल कह दी 'मिज़ाज',
हमको तमग़ा चाहिये न ही वाह वाही चाहिये।

वो आँगन याद आता है, वो तुलसी याद आती है

वो आँगन याद आता है, वो तुलसी याद आती है,
जहाँ खेले थे बचपन में वो मिट्टी याद आती है।

कभी शहनाई बजती थी तो उसकी याद आती थी,
और अब शहनाई बजती है तो बेटी याद आती है।

वो अपना घर हो या होटल हो या ढाबा हो रस्ते का,
कहीं रोटी महकती है तो माँ की याद आती है।

बड़े हस्सास[1] होकर जिसने मेरी परवरिश की थी,
वो चश्मा याद आता है, वो लाठी याद आती है।

किसी को भूलना मेरे लिए मुमकिन नहीं शायद,
मैं जब फ़ुरसत में होता हूँ तो सब की याद आती है।

---

1. स्वाभिमानी

साया चले न साथ न कोई घटा चले

साया चले न साथ न कोई घटा चले,
कब तक किसी के साथ कोई रहनुमा चले?

मेरा ग़ज़ल ने साथ निभाया है इस तरह,
बेटे के साथ जैसे कि माँ की दुआ चले।

सुनसान हैं फ़ज़ायें[1] तो मौसम उदास है,
निकले कहीं धुआँ तो हवा का पता चले।

आँखों में अब तो पानी ही पानी है रात दिन,
बारिश थमे तो और कोई सिलसिला चले।

जब दे दिया किसी को तो अपना कहाँ रहा,
दिल पर हमारा ज़ोर चले भी तो क्या चले।

हमारे डैड मोम अच्छे बहुत हैं

हमारे डैड मोम अच्छे बहुत हैं,
उमीदें पर उन्हें हमसे बहुत हैं।

सितारे दूर हैं, ऊँचे बहुत हैं,
हमारे हाथ भी छोटे बहुत हैं।

कहाँ से लायें अब हम इतनी शक्लें,
हमारे घर में आईने बहुत हैं।

हम अपनी मंज़िलों के रास्तों पर,
चले तो हैं मगर फिसले बहुत हैं।

गले में एक भी मैडल नहीं है,
मगर मैदाँ में हम खेले बहुत हैं।

हमें ख़ुद पर भरोसा तो है लेकिन,
हम अपने आप से डरते बहुत हैं।

कोई न आये जाये मगर देखते रहो

कोई न आये जाये मगर देखते रहो,
रस्ता किसी का चारों पहर देखते रहो।

मायूस मत हो ताजमहल देख देख कर,
अपनी मुहब्बतों का भी घर देखते रहो।

पानी गिरे गिरे न गिरे आसमान से,
माथे पे रख के हाथ उधर देखते रहो।

कुछ तो तुम्हारे हौसलों में जान आयेगी,
उड़ते हुये परिंदों के पर देखते रहो।

औरों की कामयाबियों पे रश्क मत करो,
तुम अपनी कोशिशों में कसर देखते रहो।

कई लाचार देखे हैं कई बीमार देखे हैं

कई लाचार देखे हैं कई बीमार देखे हैं,
बहुत नज़दीक से हमने बड़े किरदार देखे हैं।

मसाइल एक जैसे ही यहाँ हर बार देखे हैं,
वही इस पार देखे हैं, वही उस पार देखे हैं।

पड़ोसी आँख दिखलाये तो चूँ भी कर नहीं सकते,
मगर आपस में लड़ने को सभी तैयार देखे हैं।

कभी इक राम थे त्रेता में, इक थे श्याम द्वापर में,
ये कलयुग है यहाँ हमने कई अवतार देखे हैं।

यहाँ छपने से पहले ही वो बिक जाते हैं पल भर में
ख़बर से बेख़बर होते हुये अख़बार देखे हैं।

मंदिर, मस्जिद, काशी, क़ाबा मत देखो

मंदिर, मस्जिद, काशी, क़ाबा मत देखो,
ख़ुद को देखो सारी दुनिया मत देखो।

औरों की नज़रों में देखो क्या हो तुम,
आईने में अपना चेहरा मत देखो।

मंज़िल पाना है तो चलते जाओ फिर,
पर्वत, घाटी, सहरा[1], दरिया मत देखो।

इश्क़ खुली जेलों जैसा है, सैर करो,
बाहर जाने का दरवाज़ा मत देखो।

तुम भी कुछ करके दिखलाओ उन जैसा,
दूर खड़े रह-रह के तमाशा मत देखो।

शेर अच्छा है तो तारीफ़ करो उसकी,
उस शाइर का ओहदा हुलिया मत देखो।

---

1. रेगिस्तान

सितमगरों की शिकायत नहीं किया करते

सितमगरों की शिकायत नहीं किया करते,
ग़रीब लोग ये जुरअत[1] नहीं किया करते।

हमारे मुल्क में सबसे बड़ी कमी ये है,
शरीफ़ लोग सियासत नहीं किया करते।

हवस परस्त[2], दरिंदों को मात देते हैं,
किसी के साथ रियायत नहीं किया करते।

बहुत से लोगों को पहले खिलाना पड़ता है,
वो भूखे पेट इबादत नहीं किया करते।

जो अपने काम को तरज़ीह देते आये हैं,
वो अपने नाम की चाहत नहीं किया करते।

ग़ज़ल के शेर सुना कर मुशायरों में हम,
मोहब्बतों की तिजारत[3] नहीं किया करते।

---

1. दुःसाहस
2. वासना के पुजारी
3. व्यापार

दिल में जब तक चुभन नहीं होती

दिल में जब तक चुभन नहीं होती,
ज़िंदगानी चमन नहीं होती।

कस रही है ग़ुरूर की टाई,
वरना इतनी घुटन नहीं होती।

लोग खेतों में हल चलाते हैं,
तुमसे गर्मी सहन नहीं होती।

जाने किस-किस का क़र्ज़ है इस पर,
ज़िंदगी मूल धन नहीं होती।

जब तलक घर की चाय मिलती नहीं,
दूर अपनी थकन नहीं होती।

मुसीबतों में वो पत्थर को देखते क्यूँ हैं

मुसीबतों में वो पत्थर को देखते क्यूँ हैं,
ये प्यासे लोग समन्दर को देखते क्यूँ हैं।

समझ सका न कोई आज तक लकीरों को,
तो फिर ये लोग मुक़द्दर को देखते क्यूँ हैं।

ये कोई ताजमहल तो नहीं है फिर क्या है,
गुज़रने वाले मेरे घर को देखते क्यूँ हैं।

वो मेरे पाँव के छालों को देखते ही नहीं,
बुलंदियों पे मेरे सर को देखते क्यूँ हैं।

जिन्हें घड़ी की ज़रूरत नहीं पड़ी अब तक,
वो राशिफल के कलेंडर को देखते क्यूँ हैं।

मैं नशे में हूँ, मगर इतनी ख़बर है

मैं नशे में हूँ, मगर इतनी ख़बर है,
इन अँधेरों में कहीं मेरा भी घर है।

सैकड़ों मोहन खड़े हैं मोरचों पर,
ये बहुत बदनाम पनघट की डगर है।

वो कोई मुर्दा हो या कच्चा घड़ा हो,
पार करनी हो नदी तो किसका डर है।

इक हवा ऐसी सियासत की चली थी,
आज तक उसका फ़ज़ाओं[1] में असर है।

रात को हम फिर मिलेंगे, इन्शाअल्लाह,
ये सहर[2] से शाम तक का ही सफ़र है।

जाने कैसा दौर है इस दौर में तो,
हो दुआ या बद्दुआ सब बेअसर है।

वक़्त पर सबको बुला लेता है वापस,
इसका मतलब है उसे सबकी ख़बर है।

---

1. वातावरण
2. सुबह

ऐसा क्या हो गया है सीने में

ऐसा क्या हो गया है सीने में,
आप घबरा रहे हैं जीने में।

ढूँढ़ते फिर रहे हैं सब उसको,
कोई काशी, कोई मदीने में।

वो मुक़द्दर तलाश करते हैं,
इक अंगूठी में, इक नगीने में।

इतनी मेहनत वो क्यूँ नहीं करते,
ख़ुशबू आने लगे पसीने में।

कब से कोई नहीं गया ऊपर,
कितने जाले लगे हैं ज़ीने में।

दुनिया भर की फ़िक्र में साझा रहने की

दुनिया भर की फ़िक्र में साझा रहने की,
अपनी तो आदत है तन्हा रहने की।

एक न इक ग़म दिल में हरदम रहता है,
शर्त यही है शायद ज़िंदा रहने की।

दो नावों में पैर रखे है बचपन से,
फ़ितरत अपनी आधा आधा रहने की।

अपनी हालत पर अफ़सोस नहीं हमको,
हमने ख़ुद ज़िद की है ऐसा रहने की।

काँटो में रहकर भी अपनी आदत है,
फूलों जैसा हरदम ताज़ा रहने की।

एक चिंगारी ने तिनके को जला रक्खा है

एक चिंगारी ने तिनके को जला रक्खा है,
और अख़बारों ने तूफान उठा रक्खा है।

तोप तलवार की अब कोई ज़रूरत ही नहीं,
एक झाड़ू ने ही दिल्ली को हिला रक्खा है।

कुछ तो हालात वतन के भी बहुत नाजुक हैं,
कुछ पड़ौसी ने भी आतंक मचा रक्खा है।

इक सियासत के परस्तार[1] की अगवानी ने,
सारी सड़कों पे ग़रीबों को बिछा रक्खा है।

चोर आवाज़ उठाने लगे चोरों के ख़िलाफ़,
बेइमानों ने बहुत शोर मचा रक्खा है।

छापने के लिये तैयार नहीं है कोई,
फ़ारसी में मेरा दीवान लिखा रक्खा है।

---

1. राजनीति के पुजारी

तुम्हारी सोच से आगे निकल भी सकती है

तुम्हारी सोच से आगे निकल भी सकती है,
ज़रा सी देर में दुनिया बदल भी सकती है।

किसी शरीफ़ पे इतना यक़ीन ठीक नहीं,
जनाबे–शेख़ की नीयत बदल भी सकती है।

किसी के काँधों पे चढ़कर न इतना इतराओ,
तुम्हारे बोझ से सीढ़ी फिसल भी सकती है।

ज़रा सी आँख दिखाई तो ये यक़ीन हुआ,
हमारे ख़ौफ़ से दुनिया दहल भी सकती है।

सियासी लोग सियासी असर में रहते हैं

सियासी लोग सियासी असर में रहते हैं,
वो बाख़बर हैं हमेशा ख़बर में रहते हैं।

कुछ ऐक ऐब हमारे हुनर में रहते हैं,
हम उन से एहले-नज़र[1] की नज़र में रहते हैं।

न रास्ता है, न मंजिल,न सिलसिला कोई,
कमाल ये है वो फिर भी सफ़र में रहते हैं।

जो लोग हमको दग़ा दे गये मोहब्बत में,
वो जख़्म बन के हमारे जिगर में रहते हैं।

1. नज़र वाले

चराग़ अब उजाला कहाँ दे रहे हैं?

चराग़ अब उजाला कहाँ दे रहे हैं?
हटा दो इन्हें ये धुआँ दे रहे हैं।

हमारी शराफ़त का अंजाम है ये,
पड़ौसी हमें धमकियाँ दे रहे हैं।

नतीजा हमेशा बुरा आ रहा है,
हर इक बार हम इम्तहाँ दे रहे हैं।

कभी तुमने आख़िर ये सोचा भी है क्या,
ये कैसी नई पीढ़ियाँ दे रहे हैं।

एक तूफ़ान सा आता है निकल जाता है

एक तूफ़ान सा आता है निकल जाता है,
दूसरे पल में समाचार बदल जाता है।

ठण्डी आहों का असर कुछ नहीं होता उनपर,
आग बरसाओ तो लोहा भी पिघल जाता है।

आप गिरते हैं तो मायूस से हो जाते हैं,
लड़खड़ाने पे तो मैकश[1] भी सँभल जाता है।

ये सियासत है, सियासत में है सब कुछ जायज़,
जो भी आता है वो माहौल में ढल जाता है।

मेरी राहों में कोई अश्क न गिरने देना,
गीली राहों पे मेरा पैर फिसल जाता है।

---

1. शराबी

ये तेरा मरतबा तेरा रूवाब जब तक है

ये तेरा मरतबा तेरा रुवाब जब तक है,
कि जेसे डाल पे खिलता गुलाब जब तक है।

तिरे लहू में जवानी रहेगी उस दिन तक,
तिरे ख़याल में ये इंक़िलाब जब तक है।

तुम्हें अंधेरों की क़ीमत पता नहीं होगी,
तुम्हारे सर पे कोई आफ़ताब जब तक है।

किसी से राय शुमारी की है ज़रूरत क्या,
तुम्हारे हाथों में उसकी किताब जब तक है।

तमाम लोग तुम्हारा मिज़ाज पूछेंगे,
तुम्हारा नाम, तुम्हारा शवाब जब तक है।

दिल हमेशा मचलता रहता है

दिल हमेशा मचलता रहता है,
उम्र भर हाथ मलता रहता है।

सब सितारे तरसते रहते हैं,
चाँद चुपचाप चलता रहता है।

रात हर रोज़ आ ही जाती है,
फिर भी सूरज निकलता रहता है।

मेरे कमरे में इक दिया भी नहीं,
रात भर कौन जलता रहता है।

ग़म का साया हो या ख़ुशी का हुजूम,
वक़्त के साथ चलता रहता है।

कैसे कुछ ऐसा करूँ वैसा करूँ

कैसे कुछ ऐसा करूँ वैसा करूँ?
मैं बड़ी उलझन में हूँ मैं क्या करूँ?

मेरी आँखों पर बंधी है पट्टियाँ,
और तराज़ू हाथ में है क्या करूँ?

सुब्ह से निकला हूँ, रोटी के लिये,
पेट भर जाये तो फिर सजदा करूँ।

पहले मैं ख़ुद ही तो हो जाऊँ सही,
फिर किसी बीमार को अच्छा करूँ।

हर तरफ तनहाइयों का शोर है,
कैसे उनके बीच मैं सोया करूँ?

ज़मीन ज़िंदा है और आसमान ज़िंदा है

ज़मीन ज़िंदा है और आसमान ज़िंदा है,
इसी भरोसे पे सारा जहान ज़िंदा है।

हज़ारों बिजलियाँ टूटी हैं इसकी छाती पर,
ग़ज़ब की बात है फिर भी किसान ज़िंदा है।

किसी ने प्रेम के बस ढाई हर्फ़ लिक्खे थे,
वो अब नहीं है पर उसका बयान ज़िंदा है।

इसी लिये तो तुझे मानता हूँ मैं 'ग़ालिब',
तेरे कलाम से उर्दू ज़ुबान ज़िंदा है।

बहुत से लोग तो रस्ते में मर गये लेकिन,
पहाड़ चढ़ के भी ये सख़्तजान ज़िंदा है।

दोस्ती है कि अदावत है कि गोया क्या है?

दोस्ती है कि अदावत है कि गोया क्या है?
इन हवाओं का चराग़ों से ये रिश्ता क्या है?

आपकी तरहा यहाँ हम भी तमाशाई हैं,
किसको मालूम है तक़दीर में लिक्खा क्या है।

उनसे कहने को तो कहना है बहुत कुछ हम को,
वो इशारों में समझ जायें तो कहना क्या है।

ये मुहब्बत है, शरारत है, कि कुछ और 'मिज़ाज',
तेरी आँखों में ये रह रह के चमकता क्या है।

एक राजा चाहिये और एक रानी चाहिये

एक राजा चाहिये और एक रानी चाहिये,
कहने सुनने के लिये कोई कहानी चाहिये।

खींच कर नदियों का पानी सब समन्दर पी गये,
चीख़ती है प्यास हरसू[1] हमको पानी चाहिये।

हो गये काग़ज़ के टुकड़े, फूल भी मुरझा गये,
जिनको सदियाँ याद रक्खें वो निशानी चाहिये।

आज धरती माँ को हम पहना रहे हैं लाल रंग,
जब कि उसके पैरहन को रंग धानी चाहिये।

जो कभी आँगन में सिखलायी गई थी दोस्तो,
कम से कम इतनी हमें तहज़ीब आनी चाहिये।

इसलिये मुझको ग़ज़ल से प्यार है कि सुन 'मिज़ाज',
दिल लगाने के लिये सूरत सुहानी चाहिये।

---

1. हर तरफ़

दिन आधे से ज़ियादा ढल चुका है

दिन आधे से ज़ियादा ढल चुका है,
मगर तू है कि अब तक सो रहा है।

मैं पत्थर मोम बन कर बह रहा हूँ,
तू दरिया है तो क्यूँ ठहरा हुआ है।

सभी के कैमरे चलने लगे हैं,
मेरा गिरना तमाशा हो गया है।

अभी मैदान में आयेंगे सारे,
अभी चेहरों पे मेकअप हो रहा है।

तेरे होठ़ो पे ताले पड़ गये हैं,
मगर आँखों में क्या-क्या चल रहा है।

मैं आधी बात करता हूँ कि आधी,
मेरी ग़ज़लों का लहजा बोलता है।

हम अगर आप से नहीं मिलते

हम अगर आप से नहीं मिलते,
तो हमे तजरूबे नहीं मिलते।

शह्र की चिकनी चैड़ी सड़कों पर,
सारे सिग्नल हरे नहीं मिलते।

रास्ते ख़ुद बनाने पड़ते हैं,
रास्तों में पड़े नहीं मिलते।

जिसमें सीरत दिखाई देती हो,
ऐसे तो आइने नहीं मिलते।

धूप बिखरी है सारे रस्तों पर,
पेड़ भी अब खड़े नहीं मिलते।

वो लोग जिनके दिलों में किसी की पीर नहीं

वो लोग जिनके दिलों में किसी की पीर नहीं,
बहुत ग़रीब हैं दिल के कोई अमीर नहीं।

तुम अपनी लाज बचाने की फ़िक्र ख़ुद रखना,
तुम्हारे पास कोई द्रोपदी सा चीर नहीं।

मैं एक दर पे ही जाकर सदायें देता हूँ,
जो माँगता फिरे दर दर मैं वो फ़क़ीर नहीं।

जो अपने आप ही क़िस्मत सँवार दे मेरी,
अभी तो हाथ में ऐसी कोई लकीर नहीं।

ग़ज़ल के पीछे सभी भागते मिले हैं यहाँ,
क़ोई रहीम नहीं है कोई कबीर नहीं।

पत्थरों को भी तरो ताज़ा ग़ज़ल देते हैं

पत्थरों को भी तरो ताज़ा ग़ज़ल देते हैं,
हम जहाँ जाते हैं माहौल बदल देते हैं।

कुछ नहीं देते शहंशाह ग़रीबों को मियाँ,
अपनी मुमताज को वो ताजमहल देते हैं।

साफ़ पानी में कोई फूल कहाँ खिलता है,
जिनमें कीचड़ हो वो तालाब कमल देते हैं।

इस लिये बंद किये रहता हूँ मैं आँखों को,
कि उजाले भी इबादत में ख़लल देते हैं।

दिन में तो सबसे मिला करते हैं पर शाम के बाद,
हम ख़यालों के बयाबान को चल देते हैं

बुरे आमाल की हद हो रही है

बुरे आमाल की हद हो रही है,
क़यामत की अब आमद हो रही है।

जड़े मजबूत होती जा रही हैं,
दुखों की बेल बरगद हो रही है।

ज़ुबानें कैंचियों सी चल रही हैं,
बहुत बदनाम संसद हो रही है।

दिलों को जीतने की कोशिशों में,
ग़रीबों की ख़ुशामद हो रही है।

स.फ़ेदी अम्न की कैसे रहेगी,
लहू से लाल सरहद हो रही है।

यही बम इसको ले डूबेंगे इक दिन,
ये दुनियाँ जिसपे गद गद हो रही है।

बड़ी तंगी है रुपयों की कहीं पर,
कहीं दौलत बरामद हो रही है।

कई ग़म और थोपे जा रहे हैं,
बुरे शेरों की आमद हो रही है।

दिलों के रिश्ते बनाना बहुत ज़रूरी है

दिलों के रिश्ते बनाना बहुत ज़रूरी है,
बना लिये तो निभाना बहुत ज़रूरी है।

मैं मानता हूँ सफ़र में है जान का ख़तरा,
क़दम तो फिर भी उठाना बहुत ज़रूरी है।

ये दौर और चला तो हमें डुबो देगा,
हमारा होश में आना बहुत ज़रूरी है।

हज़ार काँटे खिलेंगे गुलों की शाख़ों पर,
मगर ये पेड़ लगाना बहुत ज़रूरी है।

वो ज़िंदगी का हो या मौत का सफ़र हो 'मिज़ाज',
कोई न कोई बहाना बहुत ज़रूरी है।

हम हैं ग़लती सुधारने वाले

हम हैं ग़लती सुधारने वाले,
बीती बातें बिसारने वाले।

अब सितारे बुलंदियों पर हैं,
अपनी क़िस्मत सँवारने वाले।

अब कहाँ हैं वो दोस्त बचपन के,
नाम लेकर पुकारने वाले।

वो नयन अब नहीं हैं चैखट पर,
मेरा रस्ता निहारने वाले।

दर्द अब भी बहुत हैं सीने में
काग़ज़ों पर उतारने वाले।

प्यार की वो मिसाल बनते हैं,
जीती बाज़ी को हारने वाले।

प्यार में जब उठ गये मेरे क़दम

प्यार में जब उठ गये मेरे क़दम,
क्यूँ न फिर राहे ग़ज़ल चुनते क़दम।

हलचलें दरियाओं की बतलायेंगी,
कितने भँवरों से लड़े मेरे क़दम।

अपने घर से दूर कितने आ गये,
याद आया तो मेरे ठिठके क़दम।

ख़ुद व ख़ुद सारी थकाने मिट गयीं,
सरहदों के पार जब निकले क़दम।

अब तो गाँवों में भी कारें घुस गयीं,
मिट गये अजदाद[1] के नक़्शे-क़दम[2]।

---

1. पूर्वज
2. पद चिह्न

महकते लफ़्ज़ों को ग़ज़लों में ढाल सकता हूँ

महकते लफ़्ज़ों को ग़ज़लों में ढाल सकता हूँ,
मैं काग़ज़ों से भी ख़ुशबू निकाल सकता हूँ।

तू मेरी जेब में रक्खे हुये क़लम पे न जा,
मैं वक़्त आने पे चाक़ू निकाल सकता हूँ।

मेरे इकहरे बदन पर तू कोई तंज़ न कर,
मैं चार छः को अकेला सम्हाल सकता हूँ।

किसी के रहमो–करम की मुझे ज़रूरत क्या,
मैं अपने बच्चों को मेहनत से पाल सकता हूँ।

कभी तुझे भी ज़रूरत पड़े ख़ुदा न करे,
दो चार सिक़्क़े तो झोली में डाल सकता हूँ।

झूठ अपनी बुलंदियों पर है

झूठ अपनी बुलंदियों पर है,
और सच्चाई हाशियों पर है।

सब खड़े हैं हमारी ख़िदमत में,
पर नज़र सबकी कुर्सियों पर है।

जाने किस फूल पे वो जा बैठें
ये हवा पर या तितलियों पर है।

कौन जीतेगा जंग क्या होगा,
अपने अपने सिपाहियों पर है।

इक सियासत ने घर उजाड़ा था,
और इल्ज़ाम आँधियों पर है।

हमें जला के हमारे क़लम से उतरे हैं

हमें जला के हमारे क़लम से उतरे हैं,
ये शब्द है कि शरारे क़लम से उतरे हैं।

मैं क़ाइनात का नक्शा बनाने बैठा तो,
तरह तरह के नज़ारे क़लम से उतरे हैं।

पढ़ूँ अगर तो चमकते हैं ये अँधरों में,
ये शेर हैं कि सितारे क़लम से उतरे हैं।

हँसी की आड़ में सबसे छुपा के रक्खे थे,
वो दर्द सारे के सारे क़लम से उतरे हैं।

'मिज़ाज' शेर तेरे महफ़िलो की रौनक़ हैं,
ख़मोशियों के सहारे क़लम से उतरे हैं।

आसमाँ झुकने लगा है अब कहीं ऐसा न हो

आसमाँ झुकने लगा है अब कहीं ऐसा न हो,
फिर हमारे साथ पहले की तरह धोखा न हो।

हर पुरानी बात को अब इस तरह से सोचिये,
जिस तरह से आपने पहले कभी सोचा न हो।

कुछ तो ऐसा कीजिये जो मील का पत्थर बने,
उसके आगे चाहे कोई रास्ता हो या न हो।

क़ीमती सामान की कुछ तो हिफ़ाज़त कीजिये,
वो ख़ज़ाना लुट ही जाता है जहाँ पहरा न हो।

आइने में जो दिखाई दे रहा है आजकल,
वो हमारे आने वाले वक़्त का चेहरा न हो।

ज़िंदगी वीरान है गुलज़ार करना है

ज़िंदगी वीरान है गुलज़ार करना है,
उम्र भर इस बेवफ़ा से प्यार करना है।

काग़ज़ों के भी कलेजे फट गये आख़िर,
अब क़लम में और कितनी धार करना है।

ये ग़ज़ल इक लम्बी दूरी की मिसाइल है,
इसका मक़सद नफ़रतों पे वार करना है।

जिस तरह सजती सँवरती है कोई दुल्हन,
हर ग़ज़ल का इस तरह शृंगार करना है।

इस नगर के आदमी भी पत्थरों से हैं,
और हमें ज़ज्बात का इज़हार करना है।

हम लोग अपनी राह के ही ख़ार हो गये

हम लोग अपनी राह के ही ख़ार[1] हो गये,
इक दूसरे के वास्ते तलवार हो गये।

अब तो बुलन्द और ज़रा हौसला करो,
पत्थर जो मील के थे वो दीवार हो गये।

तूफ़ाँ में हमको छोड़ के जाने का शुक्रिया,
अब अपने हाथ पाँव ही पतवार हो गये।

घर को गिराने वाले सियासी मिज़ाज थे,
ग़म में शरीक हो के वो ग़म ख़्वार हो गये।

परदे की बात परदे पे खुल कर जो आ गयी,
बच्चे समय से पहले समझदार हो गये।

इतनी ज़रा सी बात पे हैरान है 'मिज़ाज',
काग़ज़ के फूल कैसे महकदार हो गये।

---

1. काँटा

फूल गिर जायेंगे सब पत्ते जुदा हो जायेंगे

फूल गिर जायेंगे सब पत्ते जुदा हो जायेंगे,
पतझरों के मौसमों में पेड़ क्या हो जायेंगे?

इस मशीनी दौर में रफ़्तार की पहचान है,
धीरे-धीरे जो चलेंगे गुमशुदा हो जायेंगे।

चन्द बादल क्या हुये इतना अँधेरा हो गया,
इस क़दर बढ़ते धुयें में शह्र क्या हो जायेंगे?

शह्र के चारों तरफ़ कालोनियाँ बनने लगीं,
एक दिन ये घर पुराने लापता हो जायेंगे।

अब किसी मरहम का होता ही नहीं इन पर असर,
एक दिन ये ज़ख़्म सारे लादवा हो जायेंगे।

कुछ हक़ीक़त और भी परदे के पीछे है 'मिज़ाज',
मैं बता दूँगा तो सब के सब ख़फ़ा हो जायेंगे।

छुट गये जो बचपन में, फिर कहाँ वो मिलते हैं

छुट गये जो बचपन में, फिर कहाँ वो मिलते हैं,
गाँव में वही मेले, आज कल भी लगते हैं।

ज़िंदगी के काँटों से तुम ग़ुरेज़ मत करना,
इसमें वक़्त आने पर, फूल फल भी लगते हैं।

क्यूँ भला पड़ोसी से अब गिला करे कोई,
अब तो भाई-भाई भी, दूर दूर रहते हैं।

आज उसकी चैखट पर, अपना सर पटक दूँगा,
ये सुना है पूजा में नारियल भी चढ़ते हैं।

न मानो पर पुराना हो गया है

न मानो पर पुराना हो गया है,
तुम्हारा सर पुराना हो गया है।

सम्हल कर बैठियेगा कुर्सियों पर,
ये फर्नीचर पुराना हो गया है।

नये रिश्ते नहीं आते अब इसमें,
हमारा घर पुराना हो गया है।

नहीं बिकते हैं अब ख़ादी के कपड़े,
कि ये कल्चर पुराना हो गया है।

सियासत पर, ग़रीबी पर लिखें क्या,
हर इक मैटर पुराना हो गया है।

उतारो अब इसे दीवार पर से,
ये कैलेन्डर पुराना हो गया है।

मुझे बरसात ने आकर बताया,
तेरा छप्पर पुराना हो गया है।

इक शहंशाह भी लाचार सा हो जाता है

इक शहंशाह भी लाचार सा हो जाता है,
वक़्त जब राह की दीवार सा हो जाता है।

कोरे काग़ज़ सा चमकता है नगर रात गये,
सुब्ह होते ही ये अख़बार सा हो जाता है।

पहले कुछ रोज़ बुरा लगता है उसका चेहरा,
फिर ज़माने से हमें प्यार सा हो जाता है।

थोड़ी राहत सी मिला करती है जिस दिन हमको,
वो हमारे लिये इतवार सा हो जाता है।

राजधानी की हवाओं का मिज़ाज अच्छा नहीं,
जो भी आता है वो बीमार सा हो जाता है।

साथ बोतल गिलास रखता है

साथ बोतल गिलास रखता है,
फिर भी जीने की आस रखता है।

सारी दुनिया को बाँट दे ख़ुशियाँ,
किस लिये दिल उदास रखता है।

मत जला दूसरों के खेतों को,
तू भी दिल में कपास रखता है।

नींद कैसे तुझे सुलायेगी,
दुश्मनी आस पास रखता है।

तितलियाँ उसके पास आती हैं,
जो लबों पर मिठास रखता है।

आँखों में ख़ून हाथों में हथियार देखकर

आँखों में ख़ून हाथ में हथियार देखकर,
हैरान हूँ मैं आपका किरदार देखकर।

कितनी निगाहें उठने लगी हैं मेरी तरफ़,
उर्दू का मेरे हाथों में अख़बार देखकर।

ख़ुद अपनी ख़ैर माँगते रहते खड़े खड़े,
रोते यहाँ कबीर भी बाज़ार देखकर।

ये घर किसी ग़रीब का है या अमीर का,
पहचानना मुश्किल हुआ दीवार देखकर।

घर से निकलना आज तो दुश्वार सा लगे,
दंगा फ़साद होने के आसार देखकर।

मेरे घर से अब उसके घर तक है

मेरे घर से अब उसके घर तक है,
आना जाना बस अब इधर तक है।

हम समझते रहे ग़ज़ल का हुनर,
मीर, ग़ालिब, जिगर, ज़फ़र तक है।

हर जवानी की शाम होती है,
ये तपन सिर्फ़ दोपहर तक है।

इस नज़ारे के बाद है जन्नत,
जो नज़ारा तेरी नज़र तक है।

दोस्त आकर मुझे बताते हैं,
मेरी शुहरत किधर-किधर तक है।

गड़बड़ी कुछ हिसाब में तो नहीं

गड़बड़ी कुछ हिसाब में तो नहीं,
इतनी हिम्मत जनाब में तो नहीं।

और भी फूल हैं गुलिस्ताँ में,
सारी ख़ुशबू गुलाब में तो नहीं।

जो सबक़ दे रहे हो दुनिया को,
वो तुम्हारी किताब में तो नहीं।

तेरी नीयत ख़राब है वरना,
ये ख़राबी शराब में तो नहीं।

ये किसी और ने लिखा होगा,
तेरा लहजा जवाब में तो नहीं।

कोई घबरा के हार जाता है

कोई घबरा के हार जाता है,
और कोई आसमाँ उठाता है।

लोग मिलते बिछड़ते रहते हैं,
उम्र भर कौन काम आता है।

खेत जब लहलहाने लगते हैं,
आसमाँ बिजलियाँ गिराता है।

तन पे आँसू असर नहीं करते,
मन ज़रा से में भीग जाता है।

दिल लगाना तुम्हें नहीं आता,
दिल जलाना तो ख़ूब आता है।

सूरतें साफ़ साफ़ दिखती हैं,
वक़्त जब आइना दिखाता है।

ग़रीब आदमी ज़िंदा हरेक हाल में है

ग़रीब आदमी ज़िंदा हरेक हाल में है,
वो जिसकी जेब में सब कुछ है, अस्पताल में है।

किसी की शान में ग़ुस्ताख़ियाँ न हो जाएं,
ये एहतियात ग़रीबों की बोलचाल में है।

तुम्हें ख़बर है हुकूमत पे ऐंठने वालो,
तुम्हारी मछली किसी दूसरे के जाल में है।

ख़ुदा का शुक्र है महफ़ूज़ हैं अभी तक हम,
वतन हमारा जवानों की देखभाल में है।

हमीं ने अम्न की ख़ातिर दुआएं की हैं 'मिज़ाज',
हमारा नाम ही शामिल हर इक बवाल में है।

सौ दफ़ा आज़मा के रक्खी है

सौ दफ़ा आज़मा के रक्खी है,
तब कोई बात ला के रक्खी है।

दिल में चुभती है रात सोते में,
वो जो हसरत दबा के रक्खी है।

और कुछ तो हमारे पास नहीं,
थोड़ी इज़्ज़त बचा के रक्खी है।

चाशनी भी है मेरी ग़ज़लों में,
मैने उर्दू मिला के रक्खी है।

आईना मुझ से पूछता है 'मिज़ाज',
कैसी सूरत बना के रक्खी है।

तुम्हारे पास तो राशन है उम्र भर के लिये

तुम्हारे पास तो राशन है उम्र भर के लिये,
हमारे पास है मुश्किल से इस पहर के लिये।

सवेरा होते ही चल देंगे फिर सफ़र के लिये,
हम अपने घर में हैं मेहमान रात भर के लिये।

ये सब्ज़बाग़ किसी और को दिखायें हुज़ूर,
हमारे हाथ हैं क़ाफी गुज़र बसर के लिये।

किसी से मांग के बीड़ी भी हम नहीं पीते,
बचा के रखते हैं इतनी अना तो सर के लिये।

कोई तो बात यकी़नन है इसकी वादी में,
हज़ारों मरते हैं घाटी में गुलमुहर के लिये।

अगर दिवालों के भी कान हैं तो फिर क्यूँ कर,
भटक रहीं हैं दुआयें मेरी असर के लिये।

कोई न आया अभी तक 'मिज़ाज' पूछने को,
ख़बर नवीस तो आते रहे ख़बर के लिये।

कभी तन्हाई में पन्ने पलट कर देख लेता हूँ

कभी तन्हाई में पन्ने पलट कर देख लेता हूँ,
फिर उसके बाद मैं ताज़ा कलेन्डर देख लेता हूँ।

बुढ़ापा आ गया लेकिन नज़र अब भी है पहले सी,
कि मैं बारीक़ से बारीक़ अक्षर देख लेता हूँ।

वही गलियाँ कि जिन गलियों में गुज़रा था मेरा बचपन,
वहाँ से जब गुज़रता हूँ ठहरकर देख लेता हूँ।

टहलने के लिये अब मैं निकलकर जा नहीं पाता,
यहीं से झाँक कर खिड़की से बाहर देख लेता हूँ।

ख़ुदा का शुक्र है मेरी मुहब्बत अब भी क़ाइम है,
मैं अपने आइने को मुस्कुराकर देख लेता हूँ।

आज की सख़्त ज़रूरत की ग़जल लिखते हैं

आज की सख़्त ज़रूरत की ग़जल लिखते हैं,
हम तो शाइर हैं मुहब्बत की ग़ज़ल लिखते हैं।

पढ़िये उनको किसी काग़ज़ पे नहीं सरहद पर,
अपने ख़ूँ से वो शहादत[1] की ग़ज़ल लिखते हैं।

रहनुमा अपने वतन के भी हैं कितने शातिर,
वो शहादत पे सियासत की ग़ज़ल लिखते हैं।

मुल्क ऐसे भी हैं कुछ ख़ास पड़ौसी अपने,
सरहदों पे जो अदावत[2] की ग़ज़ल लिखते हैं।

तुमने मजदूर के छाले नहीं देखे शायद,
अपने हाथों पे वो मेहनत की ग़ज़ल लिखते हैं।

हम सभी चैन से सोते हैं मगर रातों को,
फ़ौज वाले तो हिफ़ाज़त की ग़ज़ल लिखते हैं।

शौक़ लिखने का बहुत हमको भी है लेकिन हम,
सोने के पेन से ग़ुरबत[3] की ग़ज़ल लिखते हैं।

---

1. देश के लिये बलदान
2. दुश्मनी
3. ग़रीबी

रस्ता तो दूर नक्शे–पा कोई नहीं मिला

रस्ता तो दूर नक्शे–पा[1] कोई नहीं मिला,
फिर उसके बाद दूसरा कोई नहीं मिला।

उस हादसे के बाद का मंज़र अजीब था,
मलवे में जीता जागता कोई नहीं मिला।

जिस में संवर रहे थे उसी को मिटा दिया,
क्या तुमको और आइना कोई नहीं मिला।

मुख़बिर को पूछते हुये आये तमाम लोग,
क़ातिल को ढूँढ़ता हुआ कोई नहीं मिला।

रहज़न क़दम क़दम पे हमें लूटते रहे,
अफ़सोस है कि रहनुमा कोई नहीं मिला।

---

1. पदचिह्न

मेरी आँखों के ताल रीत गये

मेरी आँखों के ताल रीत गये,
अब तो सावन के दिन भी बीत गये।

मैंने सूरत दिखाई, हार गया,
वो मुखौटा लगा के जीत गये।

हम समझते थे जिनकी थाह नहीं,
आज ऐसे कुए भी रीत गये।

दिल की बाज़ी का कुछ हिसाब नहीं,
कितने हारे हैं, कितने जीत गये।

अब वो गुड्डे गुड़ियों के बाज़ार नहीं

अब वो गुड्डे गुड़ियों के बाज़ार नहीं,
बच्चों जैसा बच्चों का व्यवहार नहीं।

ख़ुद के आगे भी झुकने तैयार नहीं,
इस दुनिया में हम जैसा ख़ुद्दार नहीं।

अपनी अपनी दुनिया में है अपना पन,
फैला फैला अपनों का संसार नहीं।

दफ़्तर से तो छुट्टी मिल ही जाती है,
महिलाओं के चौके में इतवार नहीं।

जाने कैसी आग लगी है मौसम को,
सावन में भी वर्षा के आसार नहीं।

होली, क्रिसमस, ईद, दशहरा, दीवाली,
पहले जैसा अब कोई त्योहार नहीं।

ख़ुशहाली का श्रेय सभी ले लेते हैं,
बदहाली का कोई जिम्मेदार नहीं।

अब तो फूलों का तलबगार यहाँ कोई नहीं

अब तो फूलों का तलबगार यहाँ कोई नहीं,
ऐसी चीज़ों का ख़रीदार यहाँ कोई नहीं।

पहले कुछ लोग हुये हैं ये सही है लेकिन,
अब वतन तेरा परस्तार यहाँ कोई नहीं।

सब के सब अपनी मसीहाई का दम भरते हैं,
हम ग़रीबों का मददगार यहाँ कोई नहीं।

सूखे होठों की तरह फट गयी प्यासी धरती,
और बरसात के आसार यहाँ कोई नहीं।

एक आँगन हैं मेरा रात के बिस्तर हैं कई,
ये ग़नीमत है कि दीवार यहाँ कोई नहीं।

आज ही से वो अच्छा सा कल चाहिये

आज ही से वो अच्छा सा कल चाहिये,
हम को नारा नहीं हमको हल चाहिये।

और ढोयें कहाँ तक परेशानियाँ,
अब हुकूमत के माथे पे बल चाहिये।

जिनपे तुमने लिखा बेरहम फ़ैसला,
हम को उन काग़ज़ों की नक़ल चाहिये।

तुम सुधर जाओ तो जग सुधर जायेगा,
हम को थोड़ी तुम्हारा बदल चाहिये।

हम तो करते ही हैं अम्न की कोशिशें,
अब तुम्हारी तरफ़ से पहल चाहिये।

क्या करें हम तो बचपन से शौक़ीन हैं,
हम को हर रोज़ ताज़ा ग़ज़ल चाहिये।

वे सबब नफ़रत भरी लपटों में अय नाँदा न जल

वे सबब नफ़रत भरी लपटों में अय नाँदा न जल,
जितनी जल्दी हो सके इस आग से बाहर निकल।

ये वो रस्ता है जहाँ काँटे ही काँटे आयेंगे,
दूसरों को देखकर तू अपना रस्ता मत बदल।

दिल पे क़ाबू रख के ठंडा रख ज़रा अपना मिज़ाज,
घर की हालत भी सम्हल जायेगी पहले ख़ुद सम्हल।

तेरे चारों ओर कीचड़ है तो तय है एक दिन,
लोग साहिल से निहारेंगे यहीं खिलते कँवल।

अब अँधेरी रात है तो फिर जला ग़म के चिराग़,
फिर क़लम काग़ज़ उठा लिख जगमगाती हुई ग़ज़ल।

मत ले जाओ सारी बातों को घर तक

मत ले जाओ सारी बातों को घर तक,
बाहर की बातों को रक्खो बाहर तक।

दिन की कड़वाहट को मीठे सपने दो,
जब हम पहुँचे महके अपना बिस्तर तक।

जीवन जीना कसरत करने जैसा है,
कोशिश करना है बेहतर से बेहतर तक।

सारी सड़कें मिल जाती हैं मिट्टी में,
धँस जाते हैं मील के सारे पत्थर तक।

अब दुनिया से क्या हमको लेना देना,
इक रस्ता घर से जाता है दफ़्तर तक।

क़लम ग़मों का दे अश्कों की रौशनाई दे

क़लम ग़मों का दे अश्कों की रौशनाई दे,
इसी बहाने मेरे दर्द को रिहाई दे।

गिरे पड़े हुये लफ़्ज़ों को चुन रहा हूँ मैं,
हदे-सुख़न की न कोई मुझे दुहाई दे।

मैं अपने शेरों में इतना ख़याल रखता हूँ,
कहा गया है जो उनमें तुझे सुनाई दे।

तेरे बहानों पे मुझको यक़ीन रहता है,
भरम न तोड़ मेरा कुछ न तू सफ़ाई दे।

नज़र में, दिल में, फ़ज़ा में, ग़ज़ल के शेरों में,
जहाँ भी देखूँ मुझे तू ही तू दिखाई दे।

कठिन है काम मगर बार बार करना है

कठिन है काम मगर बार बार करना है,
कोई भी ग़म हो, ख़ुशी में शुमार करना है।

हमारे उड़ने पे पाबंदियाँ बहुत सी हैं,
परों से तैर के दरिया को पार करना है।

हमारा दिल न कहीं टूट जाये सच सुनकर,
तुम्हारे झूठ पे भी एतबार करना है।

क़लम की नोक को काग़ज़ पे घिसता रहता हूँ,
अभी कुछ और इसे धारदार करना है।

हमारे पास कोई और काम हो कि न हो,
ग़ज़ल से हमको मगर रोज़ प्यार कना है।

आने वाला सुनहरा कल तो नहीं

आने वाला सुनहरा कल तो नहीं,
देखना वो मेरी ग़ज़ल तो नहीं।

फूल आये हैं पत्थरों की जगह,
ये कहीं प्यार की पहल तो नहीं।

ये खंडर कितना खूबसूरत है,
ये मेरे ख़्वाब का महल तो नहीं।

आइना रोज़ देखता है मुझे,
मेरे माथे पे कोई बल तो नहीं।

कहती है हाथ की ये रेखायें,
ज़िंदगी इस क़दर सरल तो नहीं।

ख़ुदकुशी ग़ैर शाइराना है,
ये किसी मस्अले का हल तो नहीं।

जीतना हारना मुक़द्दर है,
प्यार में हर कोई सफल तो नहीं।

एक शाइर का ख़्वाब मत समझो

एक शाइर का ख़्वाब मत समझो,
ज़िंदगी बस गुलाब मत समझो।

इस में हम जैसे और कितने हैं,
सारी दुनिया ख़राब मत समझो।

किस लिये कर रहे हो हंगामा,
तुम इसे इंक़िलाब मत समझो।

सिर्फ़ शुहरत है और कुछ भी नहीं,
ज़िंदगी कामयाब मत समझो।

शाइरी ख़ुद में डूब जाना है,
ये नशा है, शराब मत समझो।

ये मना है तुम्हारी मजबूरी,
इसको अपना जवाब मत समझो।

रात जब फूल के यौवन की महक आती है

रात जब फूल के यौवन की महक आती है,
याद मुझको तेरे दामन की महक आती है।

रात दिन साँप मेरे साथ रहा करते हैं,
मेरे किरदार से चंदन की महक आती है।

जब भी पछतावे में आँखों को भिगो लेता हूँ,
मुझको पतझर में भी सावन की महक आती है।

तेरी तस्वीर को सीने से लगाया जब से,
दिल के वीराने में गुलशन की महक आती है।

प्यार की बाँसुरी बजती है सदा जिस घर में,
बन्द कमरे में भी मधुवन की महक आती है।

❑ ❑ ❑

श्रेष्ठ भारतीय साहित्य

भारतीय ज्ञानपीठ